FRIEDRICH MÜLLER

Normbereiche von Einzelgrundrechten in der Rechtsprechung des Bundesverfassungsgerichts

Schriften zum Öffentlichen Recht

Band 82

Normbereiche von Einzel-grundrechten in der Rechtsprechung des Bundesverfassungsgerichts

Von

Dr. Friedrich Müller

DUNCKER & HUMBLOT / BERLIN

Vorwort

Eine Rechtsnorm ist keine Attacke auf die Wirklichkeit, sondern eine
ordnende und anordnende Folgerung aus ihr. Im Vorgang praktischer
Rechtsanwendung sind „normative" und „reale" Elemente des fallentscheidenden Begründungszusammenhangs vielfach aufeinander angewiesen und damit von gleichrangiger normativer Wirkung. Das zeigt
sich mit gesteigerter Deutlichkeit im Verfassungsrecht. Der vorliegende
knappe Beitrag verfolgt unter Verzicht auf literarische Auseinander-
setzung die Rolle von Bestandteilen grundrechtlicher Normbereiche in
der bisherigen Spruchpraxis des Bundesverfassungsgerichts. Die Gewährleistungen der Art. 2 Abs. 1 und Art. 3 Abs. 1 GG werden dabei
(aus thematischen Gründen einschließlich der konkreten Gleichheits-
gebote und Diskriminierungsverbote des Grundgesetzes) ausgespart.
Als Generalklauseln bieten sie andersartige Gesichtspunkte als die
sachbestimmten Einzelfreiheitsrechte.

Inhalt

I.

Unter „Normbereich" wird im folgenden der Sachbestandteil von Rechtsvorschriften verstanden[1]. Jede Norm betrifft Gegebenheiten der sozialen Welt, setzt sie voraus, bestätigt oder verändert sie in kennzeichnender Weise. Aus der Gesamtheit der von einer Vorschrift betroffenen Gegebenheiten, dem „Sachbereich", hebt das vor allem in ihrem Wortlaut ausgedrückte „Normprogramm"[2], also die normative Anordnung, den Normbereich als Bestandteil des Normativtatbestandes heraus. Er ist Konstituens sachbestimmter Normativität; nicht eine bloße Summe von Tatsachen, sondern ein als realmöglich formulierter Zusammenhang von Strukturelementen, die unter dem auswählenden und wertenden Gesichtspunkt des Normprogramms aus der sozialen Realität gewonnen werden und die zumeist schon rechtlich geformt erscheinen. Wegen dieser normativen Fragestellung und wegen seiner rechtlichen Formung ist der Normbereich nicht auf die Faktizität eines Ausschnitts außerrechtlicher Wirklichkeit beschränkt; eine „normative Kraft des Faktischen" kommt nicht zur Sprache[3]. Im Tatsächlichen abgestützte Sachelemente können nur insoweit normativ wirken, als sie sich in Auslegung und Anwendung der Norm angesichts eines bestimmten Sachverhalts, des „Fallbereichs", rational als Bestandteile konkreter Normativität erweisen. Die Norm wird somit als sachgeprägtes Ordnungsmodell verstanden; als verbindlicher Entwurf einer Teilordnung der Rechtsgemeinschaft, die der Rechtssatz abbildet und in der das Ordnende und das zu Ordnende notwendig zusammengehören und einander in der Praxis der Rechtsverwirklichung unabdingbar ergänzen und gegenseitig fundieren. Eine Rechtsregel ist kein von ihrem Geltungsraum abstrakter, gegenüber dem von ihr angezielten Wirklichkeitssegment isolierter Befehl, son-

---

[1] Hierzu grundsätzlich *F. Müller,* Normstruktur und Normativität, 1966, z. B. 107 f., 117 f., 125 f., 131 ff., 137 ff., 142 ff., 184 ff., 201 ff.

[2] a.a.O., z. B. 127, 172 f., 184 ff., 201 ff.

[3] a.a.O., 77 ff., 188.

dern das verbindliche Entwerfen sachlich geprägter, aber in der Sach-
gegebenheit nicht aufgehender Ordnung.

Die Unterscheidung von Sachbereich, Normbereich und Normprogramm ist die begriffliche Abkürzung dieser Sichtweise, bedeutet ihre
Umsetzung in Gesichtspunkte, die grundsätzlich in allen Rechtsdisziplinen, wenn auch mit wechselnder Deutlichkeit, die praktische Rechtskonkretisierung mitbestimmen. In der Praxis erweist es sich, daß die
Rechtsprechung auch ohne hermeneutische Reflexion bei der Anwendung sachbestimmter Vorschriften die der Norm zugehörige und sie
fundierende Teilwirklichkeit als Teil der Norm behandelt. Fragt man
nicht allgemein rechtstheoretisch danach, was eine Norm „sei", sondern hermeneutisch, also nach den allen methodischen Einzelheiten
vorausliegenden Grundbedingungen praktischer Rechtsverwirklichung, so ergibt sich: „normativ" heißt sinnvoll all das, was den zu
entscheidenden Fall bestimmt, was seiner Lösung die Richtung weist.
Normativ sind alle Elemente des Regelungszusammenhangs, die nicht
entfallen könnten, ohne daß der konkrete Fall anders entschieden
werden müßte. Bei Durchsicht der Rechtsprechung, hier der des Bundesverfassungsgerichts, zeigen sich Faktoren dessen, was herkömm-
lich allein als „Norm" bezeichnet wird, also des im Wortlaut formu-
lierten Befehls, neben gleichwertigen Faktoren aus der pauschal so
genannten „Wirklichkeit"; beide Gruppen von Gesichtspunkten sind
für die Rechtskonkretisierung, für die Entscheidung des Falles vielfach aufeinander angewiesen. Von der selbstverständlichen Rolle des
Sachverhalts des Falles, des „Fallbereichs", ist damit nicht gesprochen.
Diesem gegenüber zeichnet sich der Normbereich durch einen höheren
Grad von Verallgemeinerung aus; er umfaßt nur die vom Normprogramm herausgehobene Grundstruktur der normativen Realitäts-
bezüge.

Diese stellen in den einzelnen Rechtsdisziplinen verschiedene Pro-
bleme; das gilt etwa für normativ erfragte Daten der Familien-
oder der Wirtschaftssoziologie, für sozialgeschichtlich und soziologisch
fundierte Rechtsgeschichte und Rechtsvergleichung bei der Konkretisierung zivilrechtlicher Vorschriften; für die Aufhellung strafrecht-
licher Normbereiche mit Hilfe von Rechtsvergleichung und Kримino-
logie; für die Beiträge der Verwaltungswissenschaft, Politikwissen-
schaft, politischen Soziologie und Verfassungsgeschichte im Öffent-

lichen Recht, in Staats- und Verfassungslehre. Die Verschiedenheiten der Disziplinen gründen nicht zuletzt in der verschiedenen sachlichen Eigenständigkeit der Normbereiche. Diese treten auf weite Strecken als hermeneutisch und methodisch selbständige Gesichtspunkte so gut wie nicht hervor, weil sie ausschließlich rechtsgeprägt sind, so bei Verfahrens- und Organisationsvorschriften, bei Verweisungsvorschriften, Legaldefinitionen und allen Regelungen mit rein rechtsdogmatisch-begrifflichem Norminhalt. Hier verschwindet der Normbereich hinter dem Normprogramm. Er vermag der Praxis der Konkretisierung keine zusätzlichen Sachaspekte zu liefern.

Je stärker sachgebunden dagegen eine Norm ist, desto stärker bedarf sie der Ergebnisse von Analysen des Normbereichs. Bei zahlreichen öffentlich-rechtlichen Vorschriften, nicht zuletzt bei den Grundrechten, sind die Normbereiche ergiebig und für die Konkretisierung von oft entscheidendem Gewicht. Insoweit ist die verfassungsrechtliche Spruchpraxis für die Grundbedingungen juristischer Hermeneutik von beispielhaftem Erkenntniswert[4]. An ihr läßt sich, wie es hier für Fragen der Freiheitsrechte geschehen soll, der Stellenwert ablesen, den Elemente des Normbereichs bei bestimmter Fallgestaltung für die konkrete Entscheidung wie für die Entwicklung verfassungsrechtlicher Dogmatik gewinnen können. An ihr läßt sich auch überprüfen, wie weit die Gerichte beim Rückgriff auf sachliche Gegebenheiten Faktoren des Normbereichs oder nur solche des Sachbereichs herangezogen haben, wie weit sie also zulässig normativ oder unzulässig normlos judizierten. Die hier vorgeschlagenen Strukturbegriffe erleichtern die Rationalisierbarkeit gerichtlicher Erkenntnisse auch für solche Fragestellungen.

Dabei sollen hier zum einen nicht alle Spielarten des Einbezugs normativer Sachelemente, sondern nur einige ihrer im Verfassungsrecht hervorgetretenen Haupttypen dargestellt werden; zum andern entfallen mit der Beschränkung auf die Einzelgrundrechte die Analyse der Normbereiche etwa von Kompetenznormen, aber auch die Untersuchung der umfangreichen Rechtsprechung zum allgemeinen Gleichheitssatz und zu seinen speziellen Einzelformen wie den Diskriminierungsverboten, den Geboten der Steuergerechtigkeit oder der Chancengleichheit miteinander konkurrierender politischer Parteien.

---

[4] Vgl. a.a.O. etwa 103 ff., 114 ff.

Das vom Bundesverfassungsgericht in ständiger Rechtsprechung[5] festgehaltene Bekenntnis zu den herkömmlichen methodischen Hilfsmitteln grammatischer, systematischer, teleologischer und genetischer Art wird nicht programmatisch, wohl aber der Sache nach immer wieder durch Gesichtspunkte des Normbereichs ergänzt; durch entscheidende Kriterien, die weder den Savignyschen canones noch der ihnen zugrundeliegenden Normvorstellung entnommen sind: so die Notwendigkeit sachgemäßer Ergebnisse, die Berücksichtigung historischer, politischer, soziologischer Zusammenhänge als die Entscheidung letztlich tragender Aspekte[6]. Dabei ist nicht zu verkennen, daß schon die traditionellen Auslegungsmethoden verdeckte Möglichkeiten enthalten, Sachelemente in die Fallentscheidung einzubeziehen. Doch erzwingen die spezifischen Schwierigkeiten der Normkonkretisierung im Verfassungsrecht größere Offenheit dieses Rückgriffs. Das wird hier anhand einer Reihe von Entscheidungen zu den Einzelgrundrechten verfolgt.

---

[5] Vgl. BVerfGE 1, 299, 312; 6, 55, 75 f.; 10, 234, 244; 11, 126, 130.

[6] Vgl. BVerfGE 1, 208, 209; 1, 264, 275; 3, 58, 85; 4, 322, 328 f.; 6, 132 ff.; 6, 309, 352; 12, 45, 56; 12, 205 ff.; ferner etwa 1, 144, 148 f.; 1, 14, 32 f.; 3, 225, 231; 5, 85, 129 ff.; 7, 377, 397; 9, 305, 323 f.; auch 15, 126, 133 f., wo das Versagen herkömmlicher Methodik offen eingeräumt und sodann auf die Struktur des Normbereichs (des Art. 134 Abs. 4 GG) zurückgegriffen wird.

II.

Dabei wird sogleich deutlich, daß bereits die Spezialität der Einzelgrundrechte zum allgemeinen Freiheitsrecht des Art. 2 Abs. 1 GG aus
der je eigenen Sachgeprägtheit ihrer Normbereiche folgt. Das wird
vom Gericht so ausgedrückt, Art. 2 Abs. 1 GG sei nur insoweit heran-
zuziehen, „als nicht bestimmte Lebensbereiche durch besondere
Grundrechte geschützt"[7] seien. Die Grundrechte bilden ein Neben-
einander konkreter sachlicher Freiheitsgarantien, die nicht aus einer
einheitlichen Substanz, etwa aus Art. 2 Abs. 1 GG als einem „Mutter-
grundrecht" abzuleiten, wohl aber sinvoll aufeinander zu beziehen
sind. Sie erscheinen als besondere Sicherungen gegenständlich be-
grenzter sozialer Bereiche. Von Art. 2 Abs. 1 GG kann das in der wei-
ten Fassung, die ihm das Bundesverfassungsgericht seit dem Urteil
im 6. Band gibt, nicht gesagt werden. Von Art. 2 Abs. 1 GG heben sich
die Einzelgrundrechte als Schutznormen für Lebensbereiche ab, „die
nach den geschichtlichen Erfahrungen dem Zugriff der öffentlichen
Gewalt besonders ausgesetzt sind"[8]. Das allgemeine Entfaltungsrecht
des Art. 2 Abs. 1 GG tritt nicht nur formal, sondern, wie es im 11. Band
ausdrücklich heißt, „inhaltlich" hinter das besondere Grundrecht zu-
rück[9]. Der Grund dafür liegt nach dieser Judikatur in der sachlichen
Eigenständigkeit der Normbereiche, nicht in der hierarchischen Struktur eines Wertsystems oder im logifizierten Bau eines Gesetzessystems.

Nach dem Ausspruch des Apotheken-Urteils[10] muß der Gesetzgeber, der sich im grundrechtsgeschützten Raum bewegt, den Sachverhalt des Grundrechts zum Ausgangspunkt seiner Regelung neh-
men und als Maß und Begrenzung seines Gesetzgebungsermessens an-
erkennen. So wird an der genannten Stelle das Normprogramm der

---

[7] BVerfGE 1, 264, 273 f.; 6, 32, 37; 7, 377, 386; 9, 338, 343; 21, 227, 234; s. ferner 10, 55, 58; 19, 206, 225. Das Bundesverwaltungsgericht folgt dieser Auf-
fassung, vgl. z. B. BVerwGE 19, 339, 341.

[8] BVerfGE 6, 32, 37.

[9] BVerfGE 11, 234, 238.

[10] BVerfGE 7. 377. 404 im Anschluß an E 7. 198. 208 f.

Berufsfreiheit in Art. 12 Abs. 1 GG als „eine klare materielle Wertentscheidung des Grundgesetzes für einen konkreten wichtigen Lebensbereich" bestimmt, dessen Grundstruktur die Freiheitsverbürgung sachlich fundiert und damit dem Gesetzgeber weniger Eingriffsspielraum läßt als etwa der allgemeine Gleichheitssatz. Dieser verfügt, wie auch das allgemeine Freiheitsrecht des Art. 2 Abs. 1 GG in der Auslegung des Bundesverfassungsgerichts, nicht über einen sachlich eigengeprägten Normbereich. Beide Vorschriften sind daher im Gegensatz zu den Einzelgrundrechten echte Generalklauseln. Ihr Gehalt muß von Gesetzgebung und Rechtsprechung „erst für bestimmte Lebensverhältnisse unter Berücksichtigung der für sie jeweils geltenden Gerechtigkeitsgesichtspunkte" bestimmt werden[11]. Den Artikeln 2 Abs. 1 und 3 Abs. 1 GG wachsen umgrenzte, rationalisierbare Normbereiche erst allmählich an; eine Eigenart, die sie mit echten Generalklauseln anderer Rechtsdisziplinen teilen. Wird hoheitliches Verhalten an Art. 2 Abs. 1 oder Art. 3 Abs. 1 GG gemessen, so entstammen die von der Rechtsprechung herangezogenen Sachelemente der Entscheidung in aller Regel den fraglichen Sachbereichen, in denen sich der angegriffene Hoheitsakt abspielt; in Fällen der Normenkontrolle den Normbereichen der auf ihre Verfassungsmäßigkeit geprüften Gesetzesbestimmungen. Hingegen weisen die Einzelgrundrechte dank ihrer sachbestimmten Normbereiche ein dichteres Netz von eigenständigen Kontrollgesichtspunkten auf; damit auch die Möglichkeit einer genauer gearbeiteten Bereichsdogmatik, die ihrerseits gerichtliche Erkenntnisse differenzieren hilft[12].

Das wirkt sich auch auf das Verhältnis der Einzelgrundrechte zum allgemeinen Freiheitsrecht wie zum allgemeinen Gleichheitssatz aus. Für diesen hat das Bundesverfassungsgericht den Gedanken der Spezialität auf solche Fälle eingeschränkt, in denen der Sinngehalt der

---

[11] BVerfGE 7, 377, 404 zu Art. 3 Abs. 1 GG.

[12] Vgl. BVerfGE 13, 290, 296 f. zur sich als „stärkere sachliche Beziehung zu dem zu prüfenden Sachverhalt" zeigenden Spezialität von Art. 6 Abs. 1 zu Art. 3 Abs. 1 GG. Gerade wegen der relativen Selbständigkeit der Schutzgedanken kann jedoch bei entsprechender Fallgestaltung eine Verletzung sowohl von Art. 6 Abs. 1 als auch von Art. 3 Abs. 1 GG in Frage kommen, ebd. Pauschaler geht BVerfGE 21, 245, 249 zur Gleichsinnigkeit der Verletzungsmöglichkeiten nach Art. 12 Abs. 1 und Art. 2 Abs. 1 GG vor. — Zur Spezialität der Normbereichsgestaltung von Art. 12 Abs. 2 in bezug auf Art. 4 Abs. 3 und 1 GG siehe BVerfGE 19, 135 ff.

„besonderen" Norm von dem der „allgemeinen" Norm spezifisch abge-
hoben und insofern unabhängig ist. Das gilt zum Beispiel für die
Schutzgarantie von Ehe und Familie in Art. 6 Abs. 1 GG, die in ihrem
Garantiegehalt über ein Diskriminierungsverbot Verheirateter gegenüber Ledigen nach Art. 3 Abs. 1 GG hinausgeht. Art. 6 Abs. 1 GG muß
so im Fall der Problematik des Ehegatten-Arbeitsverhältnisses nicht
unbedingt als spezielle Norm den Vorrang vor Art. 3 Abs. 1 GG haben,
auch wenn beide Artikel verletzt sind. Welche Vorschrift bei solcher
Lage „als primär verletzt anzusehen ist", hängt nach dieser Rechtsprechung von dem jeweils stärkeren sachlichen Bezug einer von
ihnen und ihres Normbereichs zum Fallbereich, also zum geprüften
Sachverhalt ab[13]. Entsprechend unterscheidet das Gericht in der Entscheidung zum Badischen Ortskirchensteuergesetz. Nach diesem Urteil verletzt die Heranziehung zur Kirchenbausteuer die juristischen
Personen in ihrem Grundrecht nach Art. 2 Abs. 1 GG aus Gründen,
„die nicht in den Bereich der besonderen Grundrechte aus Art. 3 Abs. 1
und Art. 4 GG fallen"[14]. Weder der hier genannte „Bereich" noch die
Besonderheit der Einzelgrundrechte werden in concreto anders als
durch Abwägen von Elementen des Normbereichs ermittelt. Wegen
der sachlichen Unbestimmtheit der Reichweite eines als allgemeines
Freiheitsrecht verstandenen Art. 2 Abs. 1 GG muß dabei der Normbereich des Spezialgrundrechts die Maßstäbe an die Hand geben. Eine
besondere Grundrechtsnorm verdrängt Art. 2 Abs. 1 GG nur dann,
wenn eine Verletzung beider „unter demselben sachlichen Gesichtspunkt" in Betracht kommt; das heißt, soweit der verletzte verfassungsrechtliche Maßstabaspekt auch zum Normbereich des Einzelgrundrechts gehört[15]. In der genannten Entscheidung war die Verfassungsmäßigkeit der Kirchenbausteuerpflicht am Maßstab von Art. 2
Abs. 1, 3 Abs. 1 und 4 Abs. 1 GG zu prüfen. Die Feststellung der Verletzung des Art. 2 Abs. 1 GG soll die Erklärung des Badischen Orts-
kirchensteuergesetzes für verfassungswidrig bereits tragen, da der
Sachaspekt der Unvereinbarkeit der Kirchenbausteuerpflicht juristischer Personen mit der durch das Grundgesetz festgelegten Ordnung
des Verhältnisses von Kirche und Staat zwar unter das Normprogramm der Generalklausel von Art. 2 Abs. 1, nicht aber unter das

---

[13] BVerfGE 13, 290, 296 und f.
[14] BVerfGE 19, 206, 215.
[15] BVerfGE 19. 206. Leitsatz 2. 225.

Normprogramm der Generalklausel des Art. 3 Abs. 1 GG und gleichfalls nicht in den Normbereich des Art. 4 Abs. 1 GG, der individuellen Glaubensfreiheit der Steuerschuldner, fällt.

Die unmittelbare, nicht hinter die Einzelgrundrechte zurücktretende Anwendung von Art. 2 Abs. 1 GG bleibt für den „Rest" all jener Sachbereichselemente offen, die nicht von den Normbereichen der Spezialgrundrechte erfaßt sind und deshalb dem fragmentarischen, durch ständige Rechtsprechung sich allmählich konsolidierenden Normbereich von Art. 2 Abs. 1 zufallen können. Die normativ auswählende Funktion der grundrechtlichen Normprogramme, die hier deutlich wird, bezeichnet das Gericht als „sachliche Gesichtspunkte".

III.

Unklarer ist das Verhältnis des allgemeinen Gleichheitssatzes zu einigen seiner Konkretisierungen, zur Wahlrechtsgleichheit und zur Gleichheit der Wettbewerbschancen politischer Parteien. Die Wahlrechtsgleichheit des Art. 38 Abs. 1 — für Länder, Kreise und Gemeinden in Art. 28 Abs. 1 GG normiert — hebt sich vom allgemeinen Gleichheitssatz als dessen spezieller „Anwendungsfall"[16] vor allem durch ihre Formalisierung ab. Nach der geschichtlichen Entwicklung zum Demokratisch-Egalitären hin, die im Grundgesetz in Art. 38 Abs. 1 Satz 1 und Art. 28 Abs. 1 Satz 2 Ausdruck gefunden habe, sei für den vom Bundesverfassungsgericht so genannten „Sachbereich der Wahlen" davon auszugehen, jedermann solle seine staatsbürgerlichen Rechte in formal möglichst gleicher Weise ausüben können[17]. Das Normprogramm der Wahlrechtsgleichheit ebnet soziale, wirtschaftliche und politische Verschiedenheiten im Sachbereich zu einem egalitär geprägten Normbereich ein, dessen sachlicher Umfang mit dem Hinweis auf die Rolle der Größe der Wahlbezirke, auf die unterschiedlichen Auswirkungen der verschiedenen Wahlrechtssysteme, auf Chancengleichheit der Wahlbewerber und Einbeziehung von Wählervereinigungen bei Kommunalwahlen angedeutet sei. Von der Spezialität der egalitären Wahlrechtsgleichheit gegenüber dem allgemeinen Gleichheitssatz mit seinem gerade auf die sachlichen Verschiedenheiten der Normbereiche verweisenden Normprogramm macht das Gericht unter Berufung auf „Zweck und Natur des Wahlverfahrens"[18] einige Ausnahmen, so vor allem bei Sperrklauseln. Es wählt hier umgekehrt die Anwendbarkeit von Normprogrammen — des Art. 38 Abs. 1 Satz 1 bzw. des Art. 3 Abs. 1 GG — von der Struktur der Normbereiche her aus. Der allgemeine Gleichheitssatz behalte damit auch

---

[16] BVerfGE 1, 208, 242; 3, 383, 390 ff.; 6, 84, 91; 11, 266, 271; 11, 351, 360; 12, 10, 25; 13, 13, 1, 12.

[17] BVerfGE 11, 266, 272; 11, 351, 360; 12, 10, 25; 12, 73, 77; 13, 243, 246; 16, 130, 138.

[18] BVerfGE 4, 31, 39; 4, 375, 382 f.; 13, 243, 247.

2 Müller

für das Wahlrecht „seine regulative und letzthin übergeordnete Bedeutung"[19].

Differenzierungen in diesem Unterscheidungen an sich ausschlie-
ßenden egalitären Normbereich „Wahlen" bedürften stets eines besonders streng nachzuprüfenden rechtfertigenden Grundes[20]. Aus der
sachlichen Eigenart des Normbereichs ergeben sich solche Gründe
nicht. Das Gericht findet sie, indem es der Wahlrechtsgleichheit im
Interesse einer Ausschaltung von Splitterparteien durch Quoren und
Sperrklauseln das zusätzliche Normprogramm unterstellt, die Wahlen sollten nicht nur ein Spiegelbild der politischen Entscheidung
der Wähler sein, sondern auch ein Parlament als funktionsfähiges
Staatsorgan hervorbringen; dieses Ziel dürfe im Rahmen des Erfor-
derlichen durch eine differenzierende Bewertung des Erfolgswerts
der abgegebenen Stimmen erstrebt werden[21]. Ob und in welchem
Ausmaß der Gleichheitssatz bei der Ordnung bestimmter Materien
dem Gesetzgeber Differenzierungen erlaube, richte sich „nach der
Natur des jeweils in Frage stehenden Sachbereichs"[22]. Aus der „Natur
des Sachbereichs ‚Wahl der Volksvertretung' " ergebe sich ein Recht
zur Behandlung der Parteien je nach ihrer Eignung zur Erfüllung der
Aufgaben des Parlaments, das heißt zu einer unterschiedlichen Bewertung des Erfolgswerts der Stimmen durch die Sperrklauseln. Dieser Gesichtspunkt entstammt den Wahlgesetzen von Bund und Ländern, also dem normierten Teil des Normbereichs „Wahlen"; das Bundesverfassungsgericht projiziert ihn in das Verhältnis des allgemeinen Gleichheitssatzes zur Wahlrechtsgleichheit mit dem eingangs genannten Ergebnis einer Ausnahme von der grundsätzlichen Spezialität
dieser Norm. Das geschieht um den fragwürdigen Preis einer gesetzes-
konformen Verfassungsauslegung, die es versäumt, durch umfassende
Interpretation auf der Ebene des Grundgesetzes den Normgehalt der
Wahlrechtsgleichheit und deren Verhältnis zum allgemeinen Gleichheitssatz zu erfragen.

---

[19] BVerfGE 1, 208, 247; 4, 375, 382; 13, 243, 247.

[20] BVerfGE 13, 243, 247; 12, 73, 77; 11, 351, 361; 6, 84, 92 ff.

[21] BVerfGE 6, 84 ff., 92 ff.; für Kommunalwahlen BVerfGE 13, 243, 247
und ff.: Sperrklauseln und Berücksichtigung der verschiedenen Größe der
Wahlgebiete durch unterschiedliche Gestaltung des Wahlrechts.

[22] BVerfGE 6, 84, Leitsatz 2, 91 f., ebd. zum folgenden.

Ähnlich werden in dem vom Normprogramm her gleichfalls egalitären Normbereich „Gleichheit der Wettbewerbschancen der Parteien", der durch Strukturfragen wie: Wahlvorschläge, Wahlvorbereitung, Propaganda, Spenden gekennzeichnet wird[23], Differenzierungen etwa bei der Zuteilung von Rundfunksendezeiten nach dem
Gesichtspunkt für zulässig erklärt, welches Gewicht die einzelnen
Parteien für das Ziel der Bildung funktionsfähiger Parlamente hätten. Das vom Gericht hierzu als „gewichtiges Indiz" herangezogene
Ergebnis der vorhergehenden Wahl[24] kann allerdings nur als Element
des Sachbereichs, nicht des Normbereichs „Chancengleichheit" angesehen werden. An Sachgesichtspunkten werden ferner die Zeitdauer
des Parteibestehens, Kontinuität, Mitgliederzahl, Umfang und Ausbau
des Organisationsnetzes, Vertretung im Parlament, Beteiligung an
der Regierung in Bund und Ländern angeführt. Das Gericht weicht
auch hier der Frage aus, auf welche dieser Faktoren es für die Entscheidung wesentlich ankomme; also der Frage, ob das Normprogramm des Chancengleichheitsgebots diese Elemente wirklich zu solchen des Normbereichs mache, oder ob sie nur als solche des Sachbereichs „Wahl" anzusehen seien, denen normative Bedeutung nicht
zukommt.

---

[23] Vgl. etwa BVerfGE 1, 208, 242, 255; 6, 84, 90; 3, 19, 26 f.; 3, 383, 393;
4, 375, 387; 6, 273, 280; 8, 51, 64 f.; 20, 56 ff.; zu Wahlpropaganda siehe z. B.
E 7, 99, 107; 14, 121, 133.
[24] BVerfGE 7, 99, 108; 13, 204, 205; 14, 121, 137.

IV.

Größere Genauigkeit erlaubt die Argumentation anhand der Normbereiche einzelner Spezialgrundrechte. Die Strukturelemente rechts-
erzeugter wie nicht-rechtserzeugter Art, die jeden dieser verfassungsrechtlich geschützten Ausschnitte individuellen und sozialen Lebens
kennzeichnen, bieten eine Fülle sachlicher Aspekte, die der verfas-
sungsgerichtlichen Praxis unentbehrlich sind und vielfach das eigent-
liche Entscheidungsmoment eines Falles ausmachen, ihre normative
Funktion damit bestätigend.

Das gilt etwa für die Notwendigkeit, die Verfassungsmäßigkeit von
Eingriffen in das Recht auf körperliche Unversehrtheit nach Art. 2
Abs. 2 GG nicht nur an Vorschriften von Verfassungsrang wie dem
Übermaßverbot zu überprüfen, sondern zugleich Eigenart und Auswirkungen solcher Eingriffe fachmedizinisch in der Perspektive des
grundrechtlichen Normprogramms zu untersuchen[25]. Es gilt für die
Normbereiche des Gleichberechtigungsgebots des Art. 3 Abs. 2 und
der Diskriminierungsverbote in Art. 3 Abs. 3 GG, die wegen ihrer
sachlichen Verbindung zum allgemeinen Gleichheitssatz hier nicht
zum Thema zu machen sind.

Es gilt für eine subtile Materie wie die der Glaubens-, Gewissens-
und Bekenntnisfreiheit, wenn das Bundesverfassungsgericht in einer
Entscheidung zu Fragen der Kriegsdienstverweigerung die Grundstruktur der Gewissensentscheidung, also einen Teil des Normbereichs von Art. 4 Abs. 1 GG im Hinblick auf subjektive Verbindlich-
keit, Situationsbezogenheit und Normbezogenheit als die wesentlichen
Sachkriterien analysiert[26]; wenn es in einem Beschluß zur Ersatz-
dienstverweigerung die Spezialität der Regelungen des Art. 12 Abs. 2
und des Grundrechts aus Art. 4 Abs. 3 gegenüber Art. 4 Abs. 1 GG
mit der thematischen Spezialität der fraglichen Normbereiche gegen-

---

[25] Vgl. etwa BVerfGE 16, 194, 198 f.; 17, 108, 115 f.
[26] BVerfGE 12. 45. 55.

über dem der allgemeinen Gewissensfreiheit begründet[27]; wenn es in der Frage der Besteuerung gewerblicher Unternehmertätigkeit in Zusammenhang mit kollektiver Religionsausübung religionsneutrale Randzonen des Normbereichs der Kultusfreiheit nach dem Kriterium der sachlichen Nähe auszugrenzen sucht[28].

Ergebnis einer zutreffenden Normbereichsanalyse der Pressefreiheit ist die verfassungsgerichtliche Einsicht in eine spezifische Verbindung individueller und institutioneller Verbürgungen[29], ist die Legitimierung einer rechtlichen Sonderstellung der Presse um ihrer Aufgaben im demokratischen Staat willen[30], wozu die Strukturuntersuchung der freiheitlichen demokratischen Grundordnung im Urteil über die Parteienfinanzierung[31] tritt. Für einen sachlich abgegrenzten Teil des Normbereichs der Meinungsfreiheit, die Veranstaltung von Rundfunkdarbietungen, hat das Bundesverfassungsgericht im Fernseh-Urteil[32] aufgrund sorgfältiger struktureller Überlegungen grundlegende Richtlinien für die Rundfunkorganisation aufgestellt.

Zu den grundrechtlichen Normbereichen von Ehe und Familie sind neben der Entscheidung zur Verfassungswidrigkeit der §§ 1628, 1629 Abs. 1 BGB[33] vor allem Fälle zur Ehegattenbesteuerung und damit zur wirtschaftlichen Bedeutung einzelner Normbereichsfaktoren von Gewicht. Für die nicht-rechtserzeugten Normbereichsteile werden die „wesentliche Struktur", für die Garantie unterverfassungsrechtlicher Vorschriften des Ehe- und Familienrechts ein „Normenkern"[34] herausgearbeitet. Angesichts der traditionellen Geformtheit dieser Institutionen geht das Bundesverfassungsgericht so weit, die Grundstruktur des Normbereichs von Art. 6 Abs. 1 GG „zunächst aus der außerrechtlichen Lebensordnung" ermitteln zu wollen[35]. Es meint damit die grundlegenden institutionellen Verhältnisse von Ehe und Familie,

---

[27] BVerfGE 19, 135, 138.
[28] BVerfGE 19, 129, 133.
[29] So schon in BVerfGE 10, 118, 121; 15, 223, 225.
[30] BVerfGE 20, 162, 175 und f.
[31] BVerfGE 20, 56, 97 ff.
[32] BVerfGE 12, 205, 206 Leitsatz 10, 259 ff.
[33] BVerfGE 10, 59.
[34] BVerfGE 6, 55, 71 ff.
[35] BVerfGE 10. 59. 66 f.

übersieht aber, daß auch diese bereits von der Rechtsordnung, vor allem vom Bürgerlichen Recht geprägt sind. Nicht eine „außer"rechtliche Ordnung umschreibt die Strukturprinzipien von Ehe und Familie, sondern eine rechtlich mitgeformte und zudem in der Perspektive des verfassungsrechtlichen Normprogramms erfragte Ordnung. Ein anderes Problem ist es, ob nicht der Strukturwandel dieser Institute in der Industriegesellschaft der Gegenwart hätte stärker berücksichtigt werden müssen. Das ist in einer Reihe anders gelagerter Fälle zum Gleichberechtigungsgebot des Art. 3 Abs. 2 GG auf breiterer Grundlage geschehen. Für den schon genannten Bereich des Ehesteuerrechts ist hiernach die Möglichkeit, die Ehe zum Anknüpfungspunkt für wirtschaftliche Rechtsfolgen zu machen, insoweit eingeschränkt, als die Anknüpfung der Natur des geregelten Lebensgebietes[36], der Struktur des Normbereichs entsprechen muß. Diese liefert Gesichtspunkte für die Frage sachlicher Zulässigkeit einer steuerlichen Sonderbehandlung durch den Gesetzgeber[37]. Wenn im Familienrecht und auf einzelnen Gebieten des Fürsorgerechts die Anknüpfung allein an die Tatsache des Ehestandes in der „Natur der Sache", also im — hier weitgehend rechtserzeugten — Normbereich liegt, so ist das bei rein abgabenrechtlichen Vorschriften nicht ohne besondere sachliche Rechtfertigung aus dem Normbereich der Fall[38]. Das Hinzutreten des Grundrechtsschutzes von Ehe und Familie engt den im Steuerrecht sonst gegebenen Spielraum des Gesetzgebers entscheidend ein, seine differenzierenden Regelungen und Sondervorschriften wirtschaftspolitisch, finanzpolitisch, volkswirtschaftlich, sozialpolitisch oder steuertechnisch zu rechtfertigen.

Die institutionellen Seiten der Verbürgung des Art. 6 Abs. 1 GG sind der Struktur nach den Normbereichen von Gruppengrundrechten benachbart, vor allem dem der Vereinigungs- und der Koalitionsfreiheit. Bei Art. 9 Abs. 1 GG mag die Benennung des Normbereichs „Vereine und Gesellschaften" Rückschlüsse auf ein Norm-

---

[36] BVerfGE z. B. 17, 210, 219; vgl. auch schon E 6, 55, 77; 9, 237, 247 f.

[37] Hierzu etwa die Entscheidungen BVerfGE 3, 225, 240; 6, 55, 71 f., 77; 6, 273, 280; 9, 237, 247 f.; 10, 59, 73; 12, 9, 25; 12, 151, 163 ff., 167; 13, 290, 298 f. Vgl. ferner BVerfGE 17, 1, 38; 17, 210, 217, 218 ff.; 18, 257, 268 ff. (Ehegatten-Arbeitsverhältnis); 18, 97, 110; 22, 93, 99 (zum Normbereich von § 1361 Abs. 2 BGB, gemessen an Art. 6 Abs. 1 GG); 22, 100, 104; vgl. auch E 16, 203 ff. (Grunderwerbssteuer - Art. 6 Abs. 1 GG).

[38] Vgl. BVerfGE 6, 55, 79; 13, 290, 303.

programm begründen helfen, das Zwangszusammenschlüsse von verhältnismäßig unpersönlicher Art der Mitgliedschaft und in herkömmlichen rechtlichen Grenzen nicht schlechthin verbietet, insbesondere nicht die Zwangseingliederung in öffentlich-rechtliche Verbände[39]. Dabei muß aber entgegen dem Bundesverfassungsgericht auch für die Frage von Zwangsvereinigungen Art. 9 Abs. 1 als sedes materiae gegenüber Art. 2 Abs. 1 festgehalten werden; die Vorschrift umfaßt zugleich die negative Vereinigungsfreiheit. Das Problem ist nicht allein damit gelöst, in Abhebung auf die Rechtsform öffentlich-rechtliche Körperschaften als nicht zum Normbereich des Art. 9 Abs. 1 GG gehörig und damit als nicht an dieser Vorschrift meßbar zu erklären[40]. In anderen Entscheidungen hat das Bundesverfassungsgericht dagegen zu Recht sachliche Fragen des Normbereichs in den Vordergrund gestellt. So wird der „freie Beruf" als historisch bestimmbarer soziologischer Begriff wie als sozialer Bereich der Gegenwart unter normativem Bezugspunkt — der Möglichkeit einer Pflichtmitgliedschaft bei der Ärzteversorgung — in seinen faktischen und rechtserzeugten Komponenten analysiert[41]. Die Frage der Verfassungsmäßigkeit dieses Zwangszusammenschlusses wird nicht zuletzt aufgrund des Ergebnisses dieser Untersuchung entschieden. Zuverlässige Tatbestandselemente lassen sich aus dem Normbereich der Koalitionsrechte des Art. 9 Abs. 3 gewinnen, dessen spezifischer Ausschnitt aus der allgemeinen Vereinigungsfreiheit schon rechtsgeschichtlich enger umschrieben ist. So hat das Bundesverfassungsgericht[42] entschieden, der Verband katholischer Hausgehilfinnen sei wegen Art. 9 Abs. 3 GG als „Gewerkschaft" i. S. des § 2 Abs. 1 TarifvertragsG anzusehen; sei also von der Teilnahme an der Tarifautonomie nicht ausgeschlossen, obwohl es sich bei ihm nicht um eine kampfwillige Organisation handelt. Die dafür entscheidenden Sachgesichtspunkte gewinnt das Gericht aus den geschichtlich gewachsenen, aus den normierten wie den faktischen Momenten des Normbereichs der grundrechtlichen Koalitionsfreiheit. Es begibt sich dabei bis in etwas fragwürdige Überlegungen zur psychologischen Besonderheit des Haushaltsberufs, verliert

---

[39] Vgl. BVerfGE 10, 89 Leitsatz 3, 102; 11, 105, 126; ferner E 10, 354, 361 ff.; 12, 319, 323 f.

[40] So aber BVerfGE 10, 89, 102 f.

[41] BVerfGE 10, 354, 364, 365, 366 f., 368 f.

[42] In E 18, 18, bes. 25 ff., 28, 30 ff.; s. a. E 4, 96, 106 f.

jedoch nie den Ausgangspunkt des Normprogramms von Art. 9 Abs. 3
GG aus dem Auge, als Koalitionen solche Verbände zu erfassen, die
ihrer Struktur nach imstande sind, „im Verein mit dem sozialen
Gegenspieler das Arbeitsleben zu ordnen und zu befrieden"[43]. Ganz
im Vordergrund steht die strukturelle Faktizität eines Teils des Normbereichs von Art. 9 Abs. 3 GG in dem Beschluß, der die Tariffähigkeit
der Innungen und Innungsverbände für mit dem Grundgesetz vereinbar erklärt[44]. Das Gericht widerlegt die Ansicht, die Tariffähigkeit
der Innungen sei mit der Koalitionsfreiheit unvereinbar, durch unmittelbaren Rückgriff auf „die frühere und die jetzige gesellschaft-
liche Wirklichkeit"[45]. Die negative Koalitionsfreiheit sei für den Bereich der Arbeitgeberverbände in der „Rechtswirklichkeit" ohne durch
einen gewissen faktischen Druck eingeengt; wegen der von jener der
Arbeitnehmerseite abweichenden organisatorischen Struktur der Ar-
beitgeberseite habe der einzelne Arbeitgeber in der Regel praktisch
nur die Möglichkeit, sich dem für seine Branche passenden einzigen
Arbeitgeberverband anzuschließen. Historische und aktuelle, rechts-
erzeugte und faktische Elemente des Normbereichs von Art. 9 Abs. 3
dienen dem Gericht als entscheidende normative Kriterien auch in
dem Beschluß, der einen Kernbereich der Koalitionsbetätigung im
Personalvertretungswesen herausarbeitet und gewerkschaftliche Wer-
bung vor Personalratswahlen innerhalb bestimmter Grenzen auch in
der Dienststelle und während der Dienstzeit für verfassungsrechtlich
geschützt erklärt[46]. Der Zweck der Personalräte in seinem Verhältnis
zu den in Art. 9 Abs. 3 GG genannten Koalitionszwecken wird an normierten, der Umfang des grundrechtlich geschützten Betätigungsbe-
reichs der Koalitionen an normierten wie an faktischen Normbereichs-
momenten ermittelt, wobei zu Recht ein Heranziehen von Art. 2 Abs. 1
abgelehnt, allein Art. 9 Abs. 3 GG wegen seiner sachgeprägten
Spezialität zugrunde gelegt und in seinem Rahmen die geschichtliche
Entwicklung des Personalratswesens verfolgt wird. Das Bild, das sich
so ergibt, wird als vorweggenommene und unter dem Grundgesetz zu
bekräftigende Konkretisierung des Sozialstaatsprinzips verstanden.
Auf diesem Hintergrund bilden die im folgenden herausgestellten Be-

---

[43] BVerfGE 18, 18, 27.
[44] BVerfGE 20, 312, bes. 318 f., 322.
[45] BVerfGE 20, 312, 319; zum folgenden ebd., 312 f.
[46] BVerfGE 19, 303, bes. 314 ff., 318 ff., 320 f.

sonderheiten der Personalratswahlen in ihrer Verbundenheit mit der jeweiligen einzelnen Dienststelle die fallentscheidenden tatsächlichen Gesichtspunkte, die wiederum nicht wahllos oder nur entscheidungstaktisch dem Sachbereich, sondern dem von der Fragestellung des grundrechtlichen Normprogramms aus diesem herausgehobenen Normbereich entnommen werden.

Gesichtspunkte solcher Art sind für die praktische Rechtsanwendung um so ergiebiger, je mehr sich in ihnen typische Formen sozialen, also individuellen wie kollektiven Handelns verdichtet haben und von der Rechtsordnung als solche vorausgesetzt, übernommen oder angeregt werden. Bei einem verhältnismäßig statischen Grundrecht wie der Eigentumsgarantie erstrecken sich die vom Normbereich zur Verfügung gestellten Kriterien etwa auf Daten, die wirtschaftlichen, steuerlichen, technischen Erhebungen und Vorausschätzungen zu verdanken sind, so in der Rechtsprechung des Bundesverwaltungsgerichts zum Problem der Erdrosselungssteuer[47].

Bei der verfassungskonformen Auslegung des § 9 Abs. 1 Nr. 1 des Grundstücksverkehrsgesetzes, also eines Normprogramms, das den Begriff „ungesunde Verteilung" von Grund und Boden als Tatbestandsmerkmal enthält, stützt sich das Bundesverfassungsgericht auf eingehende Überlegungen zur Sachverschiedenheit des Grundeigentums von sonstigem „Kapital", auf eine Erörterung der Unterschiede und Gemeinsamkeiten von Land- und Forstwirtschaft und der markt-, forst- und agrarwirtschaftlichen Bedeutung des Waldes. Auch diese Ausführungen[48] erweisen sich nicht als Usurpation einer normativen Wirkung der Fakten. Sie bleiben innerhalb der auswählenden Perspektive des Normprogramms, das hier zu entscheiden aufgab, ob die vom Gesetzgeber verfolgten agrarpolitischen Ziele und der ihnen eingeordnete Schutzzweck der Einzelvorschriften des Grundstücksverkehrsgesetzes noch eine gesetzliche Eigentumsbindung nach Art. 14 Abs. 1 Satz 2 GG darstellten oder nicht. Das Gericht verneint die Frage anhand des aus dem gesetzlichen Normbereich gewonnenen Befundes, der eine Eigentumsbeschränkung ergab, die „von dem geregelten Sachbereich her"[49] nicht geboten erschien, die also nicht als gesetz-

---

[47] BVerwG 27, 146, 150 ff., 152 ff.
[48] In BVerfGE 21, 73, 80 ff., 82 f., 84, 86; vgl. zur selben Thematik auch E 21, 87; 21, 92; 21, 94; 21, 99; 21, 102.
[49] BVerfGE 21. 73. 86.

liche Eigentumsbindung i. S. von Art. 14 Abs. 1 Satz 2 GG anzuer-
kennen war.

Näher am Normbereich der Vereinigungs- und Koalitionsfreiheit
steht wiederum der des Art. 12 Abs. 1 GG, der durch seine Vielge-
staltigkeit und soziale Verflochtenheit die Berufsfreiheitsgarantie zu
einem von der Rechtsprechung bevorzugt ausgearbeiteten Beispiel von
Grundrechtskonkretisierung macht. An Art. 12 Abs. 1 GG entwickelt
das Gericht im Urteil zur Niederlassungsfreiheit im Apothekenrecht[50]
beispielhaft eine Auslegung, „die dem Sinn des Grundrechts und seiner Bedeutung im sozialen Leben Rechnung trägt"[51]. Die dort ange-
stellten umfangreichen Erhebungen von Bestandteilen des Normbereichs — rechtsvergleichendes Apothekenrecht, eingehende statistische
Untersuchungen, konjunkturelle Aspekte, Investitionsbedarf, Nach-
wuchslage im Apothekerberuf, Verteilung der Apothekendienste auf
Stadt und Land, Rentabilitätsberechnungen, Verhältnis fertig ver-
packter Arzneimittelerzeugnisse zur Rezeptur, Überlegungen zur Be-
rufsmoral der Apotheker im Verhältnis zur Zahl der Niederlassungen
und ähnliches — rechtfertigt das Gericht zutreffend mit der Notwendigkeit, die größeren Lebenszusammenhänge, die als „Gegen-
stand" des Gesetzes nur pauschal und unklar gefaßt würden, notfalls
mit Hilfe von Sachverständigen durch möglichst umfassenden Einblick
in einzelne klarer erfaßbare Sachverhalte aufzulösen und sie damit
für die Zwecke verfassungsgerichtlicher Nachprüfung optimal zu
rationalisieren[52]. Nur so könnten Inhalt und sachliche Begründung
eines Gesetzes unter Ausschaltung subjektiver Wertungen erfaßt,
könnten die der Regelung zugrunde liegenden Tatsachen rational dif-
ferenziert werden, die im Normbereich die Wahrscheinlichkeit hypo-
thetischer Kausalverläufe richterlich beurteilen lassen. Dies ist verfassungsgerichtliche Aufgabe, weil der Sachgehalt des Grundrechts
die Regelungsfreiheit des Gesetzgebers inhaltlich begrenzen kann und
weil anders als durch Analyse der Normbereiche der Schutz der
Grundrechte vor dem Gesetzgeber der umgrenzten objektiven Maß-

---

[50] BVerfGE 7, 377.

[51] a.a.O., 377 Leitsatz 4, 409.

[52] BVerfGE 7, 377, 410 ff., 412; Analyse des Normbereichs besonders 413 ff.,
417 ff. — Vgl. auch BVerwGE 2, 85, 87; 4, 167, 172 ff. (Erlaubnis für Rechts-
beratung, Betriebsrecht für Apotheke — Art. 12 Abs. 1 GG; der rechtlichen
Konstruktion nach von BVerfGE 7, 377, 411 abgelehnt).

stäbe entbehren müßte. Die in diesem Urteil entwickelte sogenannte Stufentheorie ist für die Konkretisierung aller Grundrechte von Interesse, deren Normbereich — wie der des Art. 12 Abs. 1 — eine Abstufung nach Bereichen schwächeren und stärkeren Freiheitsschutzes aufweist; der hier gegebene Ansatzpunkt ist die Unterscheidung von Berufswahl und Berufsausübung, die bereits im Wortlaut von Art. 12 Abs. 1 GG erscheint.

Verwandte Normbereiche, gleichfalls Bestandteile des Normbereichs von Art. 12 Abs. 1, hat das Gericht später zu fallentscheidenden Überlegungen herangezogen, wenn es mit faktischen Ausführungen zum Berufsbild des selbständigen Apothekers das Verbot des Mehrbetriebs im Apothekenrecht für eine mit dem Grundrecht vereinbare Ausübungsregelung erklärt[53] oder wenn es anhand tatsächlicher Daten das Berufsbild des Tierarzneimittelvertreters unter Fragestellungen der Berufsfreiheit zu ermitteln sucht[54].

Andere Normbereichsteile der Berufsfreiheit, die unter verfassungsrechtlichen Aspekten strukturell aufgeschlüsselt worden sind, betreffen verkehrspolitische, steuerpolitische, sozialpolitische und ausgedehnte statistische Erwägungen zum Tätigkeitsbild und zur tatsächlichen Entwicklung des Werkfernverkehrs[55], Überlegungen zur volkswirtschaftlichen Aufgabe, zu standesorganisatorischen Gegebenheiten und zu typischen tatsächlichen Gefahrenquellen auf dem Gebiet des Wareneinzelhandels[56] oder die rechtlichen wie die tatsächlichen Verhältnisse, aus denen sich als aus dem Normbereich des Gesetzes zur vorläufigen Regelung des Rechts der Industrie- und Handelskammern von 1956[57] Aufgaben und Wirkungsweise der Industrie- und

---

[53] BVerfGE 17, 232; zum Normbereich v. a. 239, 240 ff., 243 f.

[54] BVerfGE 17, 269, 274 ff., 277, 278.

[55] BVerfGE 16, 147, 164 f., 165 ff., 170, 172 ff.

[56] BVerfGE 19, 330, 338 ff.: Sachkundenachweis für die Aufnahme des Einzelhandels mit Waren aller Art mit Art. 12 Abs. 1 GG unvereinbar. — Vgl. aus der Rechtsprechung des Bundesverwaltungsgerichts die eingehende Analyse eines Normbereichsteils von Art. 12 Abs. 1 GG in BVerwGE 8, 14, 16 ff. (Kreditierungswirkungen auf Währungsstabilität, Preisentwicklung, Produktionsausweitung etc.): Bedürfnisprüfung bei der Zulassung der Zweigniederlassung eines Teilfinanzierungsinstituts mit Art. 12 Abs. 1 GG unvereinbar.

[57] BGBl. I S. 920.

Handelskammern, in verfassungsrechtlicher Folgerung hieraus die Zulässigkeit der Pflichtmitgliedschaft bei ihnen ergeben[58].

Mehrfach hatte sich die Rechtsprechung des Bundesverfassungsgerichts (und des Bundesverwaltungsgerichts) mit der Bestimmung des Normbereichsbestandteils „Handwerk" zu befassen. So hat das Bundesverfassungsgericht zur Lösung der Frage, ob der Ausschluß von Nichtgesellen aus der Innungskrankenkasse mit dem Gleichheitssatz vereinbar sei, faktische Erhebungen zur berufsständischen Eigenart des Handwerks angestellt, strukturelle Änderungen des Handwerks infolge des Wandels von Wirtschaft und Technik erwogen und befunden, die Entwicklung sei noch nicht so weit fortgeschritten, daß die fragliche Differenzierung zwischen Gesellen und Nichtgesellen bereits ohne Einschaltung des Gesetzgebers funktionell durch das Gericht allein beseitigt werden könne[59]. Dabei kennzeichnet das Gericht unter dem Stichwort der „geschichtlich gewordenen Struktur des Handwerkerstandes"[60] praktische Anforderungen wie: modische Gestaltung, Weiterentwicklung der Arbeitstechnik, Werkstoffkenntnis, Kenntnis der technisch-konstruktiven Zusammenhänge, betriebswirtschaftliches und kaufmännisches Wissen und andere als zur „Natur handwerklicher Arbeit" gehörig. Soziale Grundsachverhalte des Normbereichskomplexes „Handwerk" werden in ihrer Eigenart herausgearbeitet; Berufsbilder werden unterschieden und strukturelle Verschiedenheiten des Handwerksbetriebes vom Industrieunternehmen anhand typischer Sachverhalte herausgehoben und zur Grundlage verfassungsrechtlicher Beurteilung gemacht. Das Gericht geht so weit, den empirisch feststellbaren Strukturen einzelner Normbereichsteile eine gewisse maßstäbliche Kraft für die Gesetzgebung zuzubilligen, wenn es den sozialen Aufbau und die tatsächliche Eigen-

---

[58] BVerfGE 15, 235.

[59] BVerfGE 13, 97, besonders 105 f., 110 und ff., 117 ff., 122 f.

[60] BVerfGE 13, 97, 105. — Vgl. ferner die Unterscheidung von Handwerk und Wareneinzelhandel in BVerfGE 19, 330, 341 und aus der Rechtsprechung des Bundesverwaltungsgerichts zur Abgrenzung von Handwerk und Industrie BVerwGE 17, 223, 225 f.; 18, 226, 229 ff.: Ausbildung der Mitarbeiter, Lehrlingsausbildung, Ausmaß der Arbeitsteilung, aktive Mitarbeit des Betriebsinhabers im technischen Bereich, Betriebsgröße, Beschäftigtenzahl, Höhe des Umsatzes, Grad der Technisierung, Unterscheidung der Lieferung an einen anonymen Markt von der Einzelfertigung auf Bestellung u. a. m.; ebd. 233: weitere Differenzierungen nach den Besonderheiten einzelner Gewerbezweige erforderlich.

art der fraglichen Berufe als ein sich dem Gesetzgeber anbietendes Muster der Normierung auffaßt[61].

Diese Wendung braucht nicht verallgemeinert zu werden. Die bisherige Untersuchung hat gezeigt, daß der Dichtegrad sachlicher Gesichtspunkte je nach der Art der grundrechtlichen Normbereiche wechselt. Das Entscheidende für Grundrechtskonkretisierung und Grundrechtstheorie liegt in der Eigenart dieser Verbürgungen als Garantien bestimmter Sachzusammenhänge um ihrer eigenwertigen Bedeutung für das Ganze einer freiheitlichen Verfassung willen.

---

[61] BVerfGE 13. 97. 123.

V.

Dieses Ergebnis legt ein Verständnis der grundrechtlichen Wesens-
gehaltsgarantie des Art. 19 Abs. 2 GG im Sinn der sogenannten abso-
luten Theorie nahe, also im Sinn der Garantie eines sachlich umschrie-
benen unantastbaren Kerngehalts der einzelnen Grundrechte. Das
Bundesverfassungsgericht hat sich zu dieser Frage noch nicht abschlie-
ßend geäußert. Doch hat es sich von Auffassungen des Bundesverwaltungsgerichts und des Bundesgerichtshofs distanziert, nach denen ein
gesetzlicher Eingriff in den Wesensgehalt eines Grundrechts bei unab-
weisbarer Notwendigkeit zulässig sei, beziehungsweise Art. 19 Abs. 2
GG mit dem Übermaßverbot bei Grundrechtseingriffen zusammen-
falle, weil diese Meinungen geeignet seien, den Wesensgehalt der
Grundrechte, der nach Art. 19 Abs. 2 GG „in keinem Falle" angetastet
werden darf, zu relativieren[62]. Das Gericht lehnt eine solche Relativierung allgemein für die Wesensgehalte der Grundrechte ab. Für das
allgemeine Freiheitsrecht aus Art. 2 Abs. 1 GG hat es in den Entscheidungen zum Investitionshilfegesetz, zur Ausreisefreiheit und zum
Preisgesetz[63] ausgeführt, gesetzliche Einschränkungen dieses Grundrechts hätten jedenfalls die Eigenständigkeit der Person, den notwen-
digen Spielraum für verantwortliche Entfaltung der Persönlichkeit zu
respektieren[64]; das allgemeine Freiheitsrecht einschränkende Gesetze
könnten dann nicht Bestandteil der „verfassungsmäßigen Ordnung"
sein, wenn sie die geistige, politische und wirtschaftliche Freiheit des
Menschen bis zur Verletzung ihres Wesensgehalts antasteten. An
dieser Stelle wird der Wesensgehalt einer Sphäre privater Lebens-
gestaltung umschrieben als „ein letzter unantastbarer Bereich menschlicher Freiheit ..., der der Einwirkung der gesamten öffentlichen Gewalt entzogen ist"[65]. Der Rückgriff auf die relativen Theorien zu

---

[62] BVerfGE 7, 377, 411 gegen BVerwGE 2, 85, 87; 4, 167, 171 f.; BGHSt 4,
375, 377; BGH DÖV 1955, 729, 730.

[63] BVerfGE 4, 7, 15 f.; 6, 32, 40, 41; 8, 274 ff.

[64] BVerfGE 4, 7, 16.

[65] BVerfGE 6. 32. 41.

Art. 19 Abs. 2 GG wird hier mit Wendungen, die an eine materiale Bestimmung des Wesensgehalts anklingen, trotz des Mangels eines eigengeprägte Normbereichs von Art. 2 Abs. 1 (in der Auslegung seit BVerfGE 6, 32 ff.) vermieden[66]; gleichzeitig wird aus dem inneren Zusammenhang der Entscheidungen deutlich, daß es sich bei der Wesensgehaltsperre um eine Rechtsposition des einzelnen Grundrechtsträgers handelt.

In einer programmatischen Äußerung hatte das Gericht in der Entscheidung zum Notaufnahmegesetz[67] ausgeführt, für die Substantiierung grundrechtlicher Wesensgehalte müsse es auf das zu regelnde Lebensverhältnis ankommen, also auf die Eigenart des Normbereichs; ferner auf die tatsächlich getroffene Regelung, also auf die an der Verfassung zu messende einfache Gesetzesnorm einschließlich ihres Normbereichs und schließlich auf die gesellschaftlichen Anschauungen hierüber und auf „das rechtlich geläuterte Urteil über die Bedeutung, ... die das Grundrecht nach der getroffenen Einschränkung noch für das soziale Leben im ganzen besitzen könne". Konkret arbeitet das Gericht mit dem Wesensgehalt eines Einzelgrundrechts, des Rechts auf körperliche Unversehrtheit, in einem Beschluß über die Zulässigkeit bestimmter körperlicher Eingriffe im Strafverfahren. Zum einen bringt es den Wesensgehalt mit rechtsstaatlicher Gesetzesfassung in Verbindung. Es rettet die rechtsstaatliche Bestimmtheit und damit die Gültigkeit von § 81 a StPO mit dem Hinweis auf sachliche Interpretationshilfen, die bei sinngemäßer Auslegung in jedem Fall hinzuzufügen seien. Unter diesen nennt es neben den relativen Maßstäben der Verhältnismäßigkeit „darüber hinaus" die von ihm so genannte absolute Grenze, die es ausdrücklich mit dem grundrechtlichen Wesensgehalt gleichsetzt[68]. Selbst für solche Eingriffe in die körperliche Unversehrtheit, die von dem weit gefaßten Wortlaut des § 81 a StPO scheinbar fraglos gedeckt werden, besteht neben dem Gebot der Verhältnismäßigkeit auch die absolute Wesensgehaltsgrenze. Beide Maßstäbe sind nach Überzeugung des Bundesverfassungsgerichts[69] funktionell zu Recht in die Hand des Richters gelegt. Die absolute Wesensgehalts-

---

[66] Ebenso in BVerfGE 8, 274 ff., 328 f.

[67] BVerfGE 2, 266, 285.

[68] BVerfGE 16, 194, 200 f.

[69] a.a.O.. 201.

grenze dient als Maßstab, der bei jedem Fall der Grundrechtsein-
schränkung Bestandteil der Interpretation sein kann und der den Gehalt des Grundrechts und damit die Grenzen einschränkender Gesetze
rechtsstaatlich näher zu bestimmen geeignet ist. Ferner verwendet das
Gericht den Gedanken des Wesensgehalts im Sinn seiner sachlichen
Eigenart dazu, soweit für den Fall erforderlich eine Typologie der
Normbereichsstruktur, hier: eine Typologie der nach § 81 a StPO
möglichen Eingriffe in die körperliche Unversehrtheit herauszuarbei-
ten. Mit ihrer Hilfe wird festgestellt, ob der zu beurteilende Eingriff —
Lumbalpunktur und Liquorentnahme — als in jedem Fall gegen den
Wesensgehalt des Grundrechts verstoßend und damit „als durch die
Verfassung schlechthin verboten angesehen werden" müsse[70]. Im Ergebnis wird die Frage für den konkreten Fall verneint, und zwar aufgrund einer medizinisch fundierten Erörterung des Normbereichsteils
„Liquorentnahme" (im Rahmen von § 81 a StPO) nach seiner Eigenart, den Erfolgsaussichten, den möglichen Folgen und weiteren technischen Einzelheiten. Das verfassungsrechtliche Urteil der Nichtver-
letzung des grundrechtlichen Wesensgehalts wird auf das Ergebnis
einer fachlich ausgerichteten Normbereichsanalyse gestützt. Diese
Spruchpraxis zielt folgerichtig auf ein Verständnis des Wesensgehalts
nicht als eines abstrakten, sondern als eines sachgeprägten Normen-
komplexes. Der Sachgehalt der hierzu gehörenden Normbereiche
bildet einen negatorischen Kern gegenüber staatlichem Eingriff. Die
Eigenart von Ehe und Familie, freier Wissenschaft, freien Koalitionen,
der Berufsfreiheit innerhalb eines sachlich definierbaren Berufsbildes
verhindert eine prinzipiell unbegrenzte gleitende Relativierung der
grundrechtlichen Geltungssubstanz und steht mit ihren Differenzierungen auch für die Einzelgrundrechte im Dienst letzter unantastbarer Bereiche menschlicher Freiheit.

Es liegt in der Linie dieser behutsam vorgehenden Rechtsprechung,
wenn im Urteil zum Bundessozialhilfegesetz bei Begründung der Verfassungswidrigkeit des den Wesensgehalt von Art. 2 Abs. 2 Satz 2 GG
verletzenden § 73 Art. 2 und 3 BSHG festgehalten wird, worin der
unantastbare Wesensgehalt eines Grundrechts bestehe, müsse „für
jedes Grundrecht aus seiner besonderen Bedeutung im Gesamtsystem

---

[70] a.a.O., 201. — Zu einem „Kernbereich" grundrechtlichen Schutzes in Zusammenhang mit Art. 9 Abs. 3 GG vgl. BVerfGE 19, 303 ff.

der Grundrechte ermittelt werden"[71]. Jedenfalls sind nach dieser Wendung für jedes Grundrecht gesondert die Voraussetzungen aufzustellen, denen einschränkende Gesetze genügen müssen, sollen sie nicht seinen Wesensgehalt antasten. Eine derartige Abstufung kann aber schwerlich ohne Analyse der sachgeprägten Eigenart des einzelnen Grundrechts entwickelt werden. Im genannten Urteil zum Bundessozialhilfegesetz konnte sich das Bundesverfassungsgericht jedoch nach Lage des Falls darauf beschränken, den unter dem Grundgesetz überragenden Rang des Grundrechts auf persönliche Freiheit ohne nähere Untersuchung des Normbereichs von Art. 2 Abs. 2 Satz 2 GG der Entscheidung zugrundezulegen.

Die rationalisierende und stabilisierende Wirkung grundrechtlicher Normbereiche in der Verfassungsinterpretation wird auch aus der Rechtsprechung zu den Aspekten des Übermaßverbots und der Praktikabilität deutlich, die hier nicht Thema sind. Diese in ihrer Allgemeinheit zunächst formalen Grundsätze gewinnen sachlichen Umriß oft erst aus den normierten und faktischen Bestandteilen der Normbereiche der beteiligten Grundrechte; in diesem Sinn ist der Grundgedanke der „Stufentheorie" für gesetzliche Einschränkungen aller Grundrechte von Belang. Der Verhältnismäßigkeitsgrundsatz ist seiner Richtung nach sachbezogen. Trifft er bei der Einschränkung von Spezialgrundrechten auf engere Grenzen als bei der des allgemeinen Freiheitsrechts aus Art. 2 Abs. 1 GG, so liegt das an der größeren sachlichen Dichte der grundrechtlichen Normbereiche.

Diese haben sich unter den untersuchten Aspekten auf mehrfache Weise als normative Elemente in der Judikatur zu den Grundrechten erwiesen. Die hier geübte Sichtweise, die Gliederung konkreter Normativität nach Normprogramm und Normbereich und dessen Abheben gegenüber dem allgemeinen Beziehungsfeld der Vorschrift, dem Sachbereich, erlauben es, die Rechtsprechungsanalyse genauer zu fassen und die normative Begründung der Entscheidungen dadurch schärfer zu kontrollieren, daß Gesichtspunkte auch hermeneutisch einbezogen werden, die sich für die Gerichtspraxis als unausweichlich erweisen, ohne im strengen Sinn mit Hilfe der herkömmlichen Hilfsgesichtspunkte der Interpretation gewonnen werden zu können. Für Dogmatik und Verfassungstheorie der Grundrechte bestärkt diese Sicht

---

[71] BVerfGE 22, 180, 219.

3 Müller

die sachliche Abstützung ihrer Geltungsgehalte in den Normbereichen. Damit sind auch die inhaltlichen Grenzen genauer zu bezeichnen, die der grundrechtsbeschränkenden oder -ausgestaltenden Gesetzgebung gelten. Die Grundrechte bedürfen wegen ihrer unmittelbaren Anwendbarkeit sachlicher Maßstäbe, die aus ihrem eigenen Normgehalt einsichtig gemacht werden können, ohne von Gnaden der Normprogramme der einfachen Gesetze zu leben. Die grundrechtlichen Normbereiche hindern damit vielfach eine Entwicklung, die skeptisch als gesetzeskonforme Auslegung der Verfassung bezeichnet wird. Nicht in hermeneutischer Reflexion, die nicht Aufgabe fallentscheidender Gerichtsbarkeit sein muß, wohl aber in konkreter Rechtspraxis behandelt das Bundesverfassungsgericht die Grundrechte des Grundgesetzes zutreffend als durch ihre Normbereiche sachlich abgestützte Verbürgungen und ihre Gesamtheit nur dem wenig glücklichen Ausdruck nach als „System", in der Sache als material sinnvoll deutbare Zusammenordnung je eigenwertiger Gewährleistungen konkreter Freiheit.

Printed by Libri Plureos GmbH
in Hamburg, Germany